LOS ANIMALES NO SE VISTEN

escrito por Judi Barrett
ilustrado por Ron Barrett

P9-CFK-008

para Amy y Valerie

EDICIONES DE LA FLOR

Colección EL LIBRO EN FLOR
a cargo de KUKI MILER
Diagramación: JUAN MARCHESI
Traducción: J. DAVIS

OTROS TÍTULOS DE ESTA COLECCIÓN

1. Noriko Ueno
   LOS BOTONES DEL ELEFANTE

2. Agustín Olavarría
   NACE UNA SANDÍA

3. Colectivo. Libros para niños de Berlín
   CINCO DEDOS

4. Agustín Olavarría
   NACE UN PÁJARO

5. EL ZOOLÓGICO DE LAS LETRAS

6. Russell Hoban y Sylvie Selig
   ¿DIEZ QUÉ?

8. Judi Barrett y Ron Barrett
   LOS ANIMALES NO DEBEN ACTUAR
   COMO LA GENTE

Octava edición: noviembre de 1997
ISBN 950-515-806-8

Colección El Libro en Flor

Los animales no deben usar ropa...

porque sería desastroso para el puercoespín

porque el
camello
podría
usarla en
lugares
equivocados

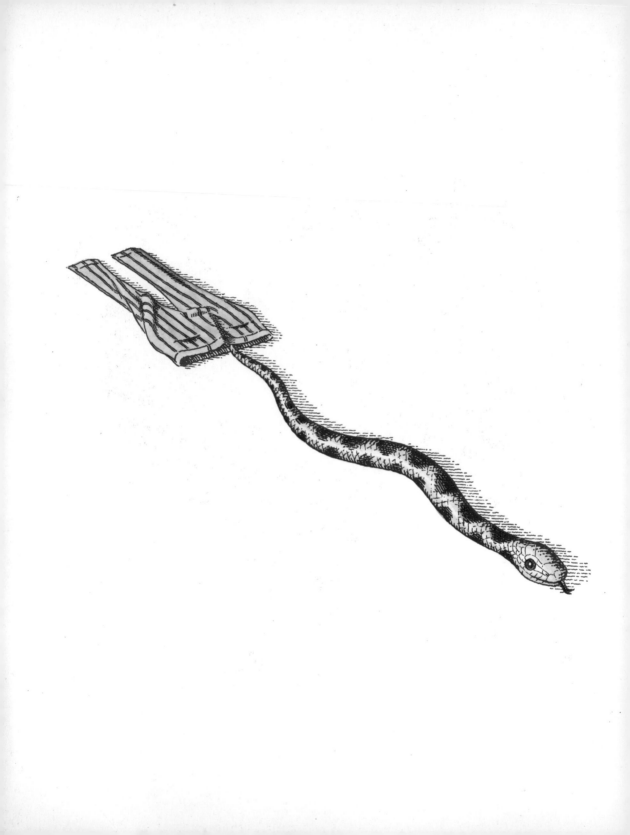

porque la serpiente la iría perdiendo por el camino

porque el
ratón podría
perderse
adentro

porque la oveja la encontraría terriblemente calurosa

porque el
cerdo la
ensuciaría
mucho

porque a la gallina le complicaría la vida

porque el
canguro la
encontraría
bastante
inútil

porque la jirafa quedaría un poco tonta

porque el cabrito se la comería en el almuerzo

porque la
morsa la
tendría
siempre
mojada

porque el reno se enredaría

porque los lirones la usarían al revés

y porque
sobre todo
podría hacer
quedar en
ridículo
a la gente

Título del original inglés:
ANIMALS SHOULD DEFINITELY NOT WEAR CLOTHING
© 1970, sobre el texto JUDI BARRETT
© 1970, sobre las ilustraciones RON BARRETT
© 1975, para la edición en castellano y esta traducción,
EDICIONES DE LA FLOR S.R.L.
Gorriti 3695, 1172 Buenos Aires, República Argentina

Queda hecho el depósito que dispone la ley 11.723
Impreso en Argentina - *Printed in Argentina*

Impreso en el mes de diciembre de 1997 en
Impresiones Gráficas JC S.R.L. - Carlos M. Ramírez 2409
1437 Buenos Aires - República Argentina
Industria Argentina